X Sulão de Catequese

Dados Internacionais de Catalogação na Publicação (CIP)
(Câmara Brasileira do Livro, SP, Brasil)

X Sulão de catequese : catequista, ministério e missão eclesial / [organização Débora Regina Pupo, Marcelo Luiz Machado]. – Petrópolis, RJ : Vozes, 2023.

Bibliografia.

1ª reimpressão, 2023.

ISBN 978-65-5713-743-7

1. Catequese – Igreja Católica 2. Ministério – Igreja Católica 3. Zaqueu (Personagem bíblico). I. Pupo, Débora Regina. II. Machado, Marcelo Luiz.

22-132029 CDD-268.82

Índices para catálogo sistemático:
1. Catequese : Igreja Católica 268.82
Cibele Maria Dias – Bibliotecária – CRB-8/9427

X Sulão de Catequese

Catequista, ministério e missão eclesial

Elaboração e organização textual

Débora Regina Pupo

Pe. Marcelo Luiz Machado

Equipe do X Sulão de Catequese

Regional Sul 1/SP

Pe. Marcelo Luiz Machado

Dom Milton Kenan Júnior

Regional Sul 2/PR

Débora Regina Pupo

Dom José Antonio Peruzzo

Regional Sul 3/RS

Pe. Wilson da Mota Fernandes

Dom Jacinto Bergmann

Regional Sul 4/SC

Pe. Marcos Roberto Medeiros

Dom Jacinto Inacio Flach

Regional Oeste 1/MS

Gerônima Barbosa Marangoni

Dom Antonino Migliore

EDITORA VOZES

Petrópolis

Rua Frei Luís, 100
25689-900 Petrópolis, RJ
www.vozes.com.br
Brasil

Diagramação: Victor Mauricio Bello
Revisão gráfica: Magda Karolyna da Rosa Valgoi
Capa: Pedro Oliveira
Ilustração de capa: Romolo Picoli Ronchetti

ISBN 978-65-5713-743-7

Este livro foi composto e impresso pela Editora Vozes Ltda.

SUMÁRIO

ORAÇÃO

Deus Uno e Trino, que no Verbo
encarnado fizestes morada em nosso
meio e no Espírito Santo permanece
conosco a nos guiar.
Conduzi nossas ações para que não
sejamos aqueles que
impedem o Senhor de chegar a quem
Dele precisa.
Como Zaqueu, saibamos ir ao
encontro e acolher o Salvador
em nossa casa.
Que este X Sulão de Catequese,
aos pés da Mãe Aparecida, Rainha e
Padroeira desta Terra de Santa Cruz,
seja um forte momento de encontro
com o Senhor e que,
ao voltar para casa, possamos partilhar
os bens que Dele recebemos,
com alegria e esperança.
Amém!

APRESENTAÇÃO

Caríssimos(as) catequistas,

É com grande alegria que apresentamos a vocês o texto em preparação ao *X Sulão de Catequese*. Desejamos que este livro lhes ajude a refletir sobre sua vocação e missão, assumindo com entusiasmo renovado o belo serviço de acompanhar crianças, adolescentes, adultos e famílias no importante caminho de formação e amadurecimento da fé.

O *X Sulão de Catequese* é parte de um sonho iniciado em 1988 e que chega até nós com a expectativa de ser um momento de grande encontro e celebração. O intuito deste livro é que, na medida do possível, o maior número de catequistas possa aprofundar os temas propostos e, antes de tudo, possa rezar contemplando o ícone de Zaqueu no seu encontro transformador com o Senhor.

Sim, querido(a) catequista, desejamos que, por meio deste livro, você possa fazer uma experiência de encontro com o Senhor, deixá-lo entrar em sua casa e lhe salvar no mais íntimo do seu ser. Que refletir sobre o Ministério de Catequista à luz da história de Zaqueu possa lhe ajudar a ter coragem de ir em busca do Senhor e não se amedrontar com as vozes contrárias que tencionam lhe calar. Não tenha medo, deixe-se olhar pelo Mestre; deixe-se encontrar por Ele, celebre com Ele e volte para sua comunidade transformado.

É significativo nos prepararmos para um *Sulão* que será realizado em Aparecida (SP), na Casa da Mãe. Ela também foi corajosa, ela também saiu para anunciar, ela também dividiu a beleza dos dons que recebeu com os que encontrava. Sejamos, pois, generosos na partilha; vamos oferecer nosso coração aberto e nossa mão estendida para que o Senhor nos cumule de bens e nos faça fiéis dispensadores dos seus dons.

Que este livro seja estudado, partilhado e colabore para momentos orantes, na expectativa de que o *X Sulão de Catequese* seja o momento celebrativo no qual, com os corações agradecidos, possamos olhar para o Senhor e nos deixar olhar por Ele.

Nossa oração e agradecimento, os organizadores textuais

Débora Regina Pupo
Pe. Marcelo L. Machado

INTRODUÇÃO

A Igreja do Brasil, nos últimos anos, tem oferecido muitos caminhos catequéticos na evangelização por meio de seus documentos oficiais, estudos e diretórios. De fato, a Iniciação à Vida Cristã tem ocupado o centro das reflexões quando se fala de família, juventude, conversão pastoral e anúncio do Evangelho. O encontro dos bispos da América Latina, em Aparecida, colaborou para que se voltassem os olhos e o coração para o problema do anúncio da fé:

> Temos alta porcentagem de católicos sem a consciência de sua missão de ser sal e fermento no mundo, com identidade cristã fraca e vulnerável... isto constitui grande desafio que questiona a fundo a maneira como estamos educando na fé e como estamos alimentando a experiência cristã; desafio que deveremos encarar com decisão, coragem e criatividade, visto que em muitas partes a iniciação cristã tem sido pobre ou fragmentada. Ou educamos na fé colocando as pessoas realmente em contato com Jesus Cristo e convidando-as para segui-lo, ou não cumpriremos nossa missão evangelizadora (DAp, n. 286-287).

O último *Sulão de Catequese*, realizado no ano de 2017 na cidade de Florianópolis, ajudou-nos a refletir sobre a comunicação no processo de Iniciação à Vida Cristã e o lema apresentado, inspirado no Evangelho de Marcos, conclamava: "Senhor, todos te procuram!" (Mc 1,37). Bem sabemos que a busca por ver o Mestre é o primeiro desejo que nosso anúncio querigmático deve despertar. Sabemos também que, muitas vezes, as multidões procuravam Jesus mais pelos seus milagres do que por compreenderem quem Ele de fato era. No entanto, Jesus sempre despertou a curiosidade daqueles que conviviam com Ele e o buscavam de alguma forma.

As Sagradas Escrituras nos apresentam várias narrativas de encontros; alguns terminaram no seguimento sincero, outros parecem não ter levado a um "final feliz", como Deus espera quando abraçamos a fé. No entanto, é preciso reconhecer: Jesus não se esquivava de encontrar-se com ninguém e buscava alcançar na profundidade o coração humano e seus anseios!

Dentre muitos textos do Evangelho, escolhemos um para iluminar este X Sulão de Catequese: o que narra o encontro de Zaqueu com Jesus (Lc 19,1-10). O tema escolhido e necessário para iluminar os passos desta vocação tão querida pela nossa Igreja é: "Catequista: ministério e missão eclesial". Nossa proposta é aprofundar o texto do Evangelho tendo como base toda a reflexão já feita sobre a Iniciação à Vida Cristã e aproveitar alguns elementos que podem nos ajudar a melhor compreender o sentido de encontrar-se com o Mestre, deixar-se transformar por Ele e assumir uma forma de vida pautada pelos valores do seu Evangelho de salvação.

Talvez possamos nos perguntar qual a relação do texto de Zaqueu como Ministério de Catequista, pois um primeiro aspecto que podemos destacar é o fato de que, ao falar do ministério, estamos olhando para a dimensão do serviço prestado à comunidade de fé. Ora, Zaqueu ao se encontrar com Jesus assume uma postura de doação e de serviço; da mesma maneira, nós catequistas, somos chamados a partir do encontro com Cristo para encontrar os irmãos no cotidiano de nossa vida. Pois, como nos lembra o Diretório para a Catequese (DC, 2021), o ministério conferido aos catequistas faz parte do que a própria Igreja tem de gerar novos cristãos (cf. DC, n. 111). Isso significa que ser catequista é contribuir para formar novos cristãos, novos discípulos missionários.

Se levarmos em conta a força transformadora do encontro de Jesus com Zaqueu, podemos perceber que o serviço da catequese é feito de encontro, de interação e de partilha de vida. Sendo assim, o espaço do *Sulão de Catequese* nos oferece uma rica oportunidade de vivenciar o encontro com o Mestre e, também, com os nossos irmãos de caminhada e missão, pois ao reunir catequistas dos estados de São Paulo (Sul 1), Mato Grosso do Sul (Oeste 1), Paraná (Sul 2), Santa Catarina (Sul 4) e Rio Grande do Sul (Sul 3), ajuda-nos a vislumbrar quão grande é nossa missão. No entanto, esperamos que o *X Sulão de Catequese* não seja somente um evento, mas um processo de crescimento da fé entre as Igrejas locais. Para isso, reconhecemos a necessidade de pensar um caminho de preparação que, partindo das bases, resplandeça na celebração que – pensada a princípio em 2021 e cancelada em virtude da pandemia da covid-19, que assolou o mundo todo – acontecerá nos dias 17, 18 e 19 de novembro de 2023, na Casa da Mãe, no Santuário Nacional de Nossa Senhora da Conceição Aparecida.

Não poderíamos deixar de agradecer todo o apostolado catequético que realizamos por meio de milhares de catequistas leigos, religiosos, diáconos, presbíteros e nossos amados bispos, de maneira especial cada um dos referenciais de nossos regionais. Estendemos nossos agradecimentos, de forma muito carinhosa, à Editora Vozes, confiando sempre no bom trabalho prestado à Igreja, oferecendo este espaço de ampla formação iniciática em todo o território brasileiro e além-fronteiras. Não poderíamos nos esquecer do artista Romolo Picoli Ronchetti que, gentilmente, aceitou a proposta de enriquecer nosso *Sulão* com suas obras de arte.

Cientes do quão importante é preparar cada momento que antecede o *X Sulão de Catequese*, propomos às dioceses que compõem os cinco estados envolvidos nesse processo um caminho de preparação que consiste em estudar o material que chega agora até vocês, o qual vem sendo preparado nos últimos três anos. Este subsídio se propõe a ser um material de estudo, reflexão, partilha e oração para que possamos dirigir nossos corações para a mesma direção: viver o discipulado nos passos do Mestre Jesus! Também nós possamos, como Zaqueu, subir na árvore, receber o Mestre em nossa casa e experimentar a salvação alcançada no encontro sincero com Ele. Quem sabe, assim, nossas cidades e praças possam se encher na pureza da fé com a Palavra de Deus encarnada em nossa vida!

Equipe do X Sulão de Catequese

I PARTE

NA CASA DE ZAQUEU: UM ENCONTRO SALVADOR

"Zaqueu correu então à frente e subiu num sicômoro para ver Jesus que passaria por ali" (Lc 19,4).

1 POR QUE ZAQUEU?

Querido irmão e irmã, talvez você esteja se perguntando: mas por que Zaqueu? Pois bem, vamos tentar responder essa pergunta conhecendo melhor essa personagem e seu encontro com Jesus!

Não é aleatória a escolha de Zaqueu como ícone da mensagem do nosso *X Sulão*; assim como não é desconectado da realidade da Iniciação à Vida Cristã o processo que encontramos nesse pequeno texto do Evangelho. Na verdade, nessa passagem, podemos destacar movimentos essenciais para a dinâmica da iniciação. São eles: a busca e o desejo, o encontro salvífico e o processo de conversão.

Se olharmos mais de perto para Zaqueu, vamos perceber que temos nele um ícone que nos inquieta. Aquele publicano de baixa estatura se torna sinal da busca que todo ser humano faz, ainda que não tenha plena consciência de que busque a Deus. Também Zaqueu nos faz refletir sobre nossa postura de permanecer "próximos do Mestre"; afinal, estar perto d'Ele não significa ser dono do sagrado ou definir quem deve ou não se aproximar.

Zaqueu também nos mostra que a iniciativa do encontro é divina: por mais que tentemos alcançar a Deus, será sempre Ele, por meio do seu Filho amado, que nos alcançará. Zaqueu é a imagem de quem busca ver Jesus e ao mesmo tempo nos questiona se, como comunidade cristã, somos via de acesso ao Mestre ou barreira de isolamento. Pontes ao invés de muros: eis o desafio que nos coloca no caminho da fé e da comunhão fraterna.

Vamos olhar para Zaqueu mais de perto?

- Convidamos você a abrir sua Bíblia e ler a passagem de Lc 19,1-10, e depois seguir conosco neste diálogo bíblico.

2 ZAQUEU E JESUS: UMA PINTURA A SER CONTEMPLADA

Os protagonistas dessa passagem bíblica são Jesus, Zaqueu e a multidão. Jesus, que começara seu caminho na Galileia, está na cidade de Jericó (v. 1) e segue para Jerusalém. Nesse caminho, Jesus vai se manifestando como Aquele que veio para procurar e salvar, alcançando a todos que se deixam encontrar pela sua graça divina. Em Jesus de Nazaré o tempo se cumpriu e "Deus veio visitar o seu povo" (Lc 7,16). Podemos sempre nos alegrar, pois a salvação está acontecendo no presente, no hoje da nossa vida e da nossa história (v. 9).

O encontro de Jesus com Zaqueu acontece na via pública, onde transitam pessoas de várias idades e de diversas condições, como ambulantes, mercadores, pedintes e também animais. É nessa estrada que se dá os acontecimentos do dia a dia, em que a vida transcorre com suas tensões e expectativas. Nessa mistura de rostos e paisagens encontramos Zaqueu, que era o chefe dos cobradores de impostos (v. 2) e cheio de curiosidade sobre Jesus. Buscava vê-lo e essa busca não era facilitada. Ele usou de criatividade para conseguir ver o Mestre, por isso procura uma árvore, sobe nela e fica à espera.

Podemos identificar que dois motivos impedem Zaqueu de ver Jesus: primeiro porque era de baixa estatura e, segundo, porque havia muitas pessoas em volta do Mestre e elas impediam-no de se aproximar (v. 3). Podemos perceber que a mesma multidão que procurava ver Jesus também impedia Zaqueu de vê-lo. Estavam perto do Mestre, mas não conseguiam ver as necessidades de outros que também buscavam essa mesma experiência. Vamos perceber inclusive que a multidão não só atrapalhava o encontro como também criticava o gesto de Jesus quando ele fala com Zaqueu e se autoconvida para ir comer em sua casa.

No entanto, não foi apenas por ser de baixa estatura que Zaqueu não conseguiu aproximar-se do Mestre. Na verdade, o que mais pesou contra ele foi a sua condição de pessoa rejeitada pela multidão. Ainda que seu desejo de "querer ver" desvelasse a busca pela verdade, pelo bem, pela vida verdadeira, que palpita o coração de cada ser humano, Zaqueu era hostilizado pelo seu modo de viver, afinal os cobradores de impostos eram considerados inimigos do povo.

É triste constatar que a mesma multidão que impediu Zaqueu de ver Jesus murmura contra o Mestre, pois acredita que Ele estava do lado "errado", isto é, com quem já estava perdido no mundo. E o preconceito não só reinava ali como até hoje persistem atitudes de indignação e falta de misericórdia por parte de muitos, inclusive dos cristãos. Mas Jesus surpreende a todos ao afirmar que a salvação acabara de entrar naquela casa, pois o Filho do Homem vinha para procurar e salvar aquele que estava perdido (v. 10).

Conforme o relato evangélico, Zaqueu é uma das poucas pessoas que tomou a iniciativa de encontrar-se com Jesus gratuitamente. Nada tem a dizer e nada tem a pedir, não sabia o que Jesus desejava dele. Ele não tinha uma ideia formada, consistente, sobre Jesus. Talvez fosse um homem solitário, triste, marginalizado. Sentiu em seu coração um vazio profundo, que o levou a uma urgente necessidade de mudança. Temos aqui um símbolo do esforço humano de quem quer encontrar a verdade, mas que só pode encontrá-la se for antes encontrado por ela.

Quando Jesus viu Zaqueu, disse que ficaria em sua casa, por isso ele desce depressa da árvore e passa a caminhar com Ele (v. 5). O esforço de subir não foi em vão, pois o Mestre o enxergou e decidiu acolher Zaqueu como amigo, sem impor condições, sem fazer pesar-lhe a sua situação de pecador. No entanto, o verdadeiro encontro entre os dois se dá em casa, lugar da proximidade. Jesus preferiu a casa em vez do templo; no lugar do altar escolheu a mesa; no lugar da condenação, ofereceu o perdão gratuitamente. Ajudou Zaqueu a perceber, na sua casa, a presença de Deus, o "Senhor", como dom gratuito e inesperado. Ele entra na casa e no coração de Zaqueu à busca de quem estava perdido.

Durante a refeição, partilhando do mesmo pão e do mesmo vinho, ambos se conhecem melhor. Zaqueu não está mais sozinho e não se sente mais uma pessoa insignificante. O olhar d'Aquele homem encheu-lhe o coração. A sua casa agora não está mais vazia e a tristeza não o sufoca mais. Finalmente, ele descobriu a luz de um olhar e experimentou a ternura de ser procurado e amado. O hóspede sela essa jornada, iluminando a experiência e interpretando-a no seu significado de graça, de libertação: Hoje, a salvação entrou nessa casa! O convívio com Jesus gera conversão e salvação no hoje da nossa vida.

O encontro com Jesus significou também para Zaqueu abrir-se a uma outra realidade que até então lhe era marginal e que lhe importava: o cuidado aos mais pobres, partilhando grande parte de seus bens com eles. Tal encontro fez alargar seu espaço interior para se encontrar com os outros; ou melhor, o seu encontro com Jesus possibilitou também a outros entrarem em sua vida. Acontece uma mudança de perspectiva decisiva e radical. Ele sente que não apenas a sua casa está habitada, mas, sobretudo, a sua morada interior.

A reação de Zaqueu ao encontro com Jesus nos mostra que quem, de fato, fez um encontro pessoal com o Salvador não fecha o círculo dos que têm acesso a Ele. Antes se torna alguém que busca sempre mais facilitar o acesso a Jesus, para que Ele possa continuar alcançando os que estão afastados e precisam ser curados e transformados.

Depois de olharmos mais de perto o encontro de Jesus e Zaqueu, podemos resumir as atitudes das três personagens que interagem no texto. Vejamos:

A multidão

Cerca Jesus de todos os lados; impede Zaqueu de ver o Mestre; murmura, e critica Jesus por dar atenção a um pecador.

Zaqueu

Tenta ver Jesus e quando não consegue espaço entre a multidão sobe na árvore; desce depressa e com alegria recebe Jesus em casa; abre-se à graça divina e se converte.

Jesus

Está junto à multidão, mas dirige seu olhar para Zaqueu e conversa com ele; vai se hospedar na sua casa; anuncia que a salvação ali aconteceu.

A narrativa desse encontro de Jesus e Zaqueu nos permite aprofundar várias dimensões que nos ajudarão a melhor compreender o processo de Iniciação à Vida Cristã em nossas comunidades.

Vamos destacar alguns pontos e ampliar nossa conversa? Venha conosco para que possamos refletir um pouco mais!

Para pensar e partilhar

1. O relato bíblico nos apresentou as atitudes de três personagens: Zaqueu, a multidão e Jesus. Com qual deles mais me identifico?
2. Percebemos que a multidão ao redor de Jesus impedia Zaqueu de se aproximar. Quais atitudes de nossas comunidades podem impedir a aproximação a Jesus?
3. Conseguimos identificar nas pessoas que se aproximam de nós o desejo de conhecer Jesus?

Hoje a salvação entrou nesta casa!

A história de Zaqueu foi sempre inspiradora para falar de conversão, esforço para alcançar o divino e ainda sobre a generosidade e a partilha dos bens – algo reiterado nas primeiras comunidades cristãs.

Não poderíamos deixar de citar uma obra-prima da Idade Média, a *Catena Aurea* (traduzida por "Corrente Dourada"), uma compilação ordenada dos comentários aos Evangelhos deixada pela riqueza da época Patrística. A ideia foi do Papa Urbano IV (1195-1264) que, pensando num trabalho de tamanha magnitude historiográfica, escolheu "a dedo" um professor que poderia dar conta do projeto, o Frei Tomás de Aquino (1225-1274). A missão do Doutor Angélico levou seis longos anos, de 1262 a 1268, com a delicadeza de ordenar versículo a versículo os comentários de quase 80 autores gregos e latinos.

Há muito já se falava de um verdadeiro abandono em relação à obra, durante a Modernidade. Aqui reservamos uma exceção: São John Henry Newman (1801-1890), um sacerdote que trouxe vida à *Catena Aurea*, traduzindo-a para a língua inglesa em 1841. E eis que, recentemente, é apresentada, pela Editora *Ecclesiae*, uma tradução comercial para a língua portuguesa desse tesouro escolástico em quatro volumes: Mateus (em 2018), Marcos (em 2019), Lucas (em 2021) e João (em 2021). No volume sobre o Evangelho de São Lucas encontramos muitas citações valiosas sobre o capítulo 19, eis algumas:

> A semente da salvação germinara-lhe na alma; e prova disso é que buscava avistar Jesus: *procurava conhecer de vista Jesus*. Ele, com efeito, não o conhecia, porque se o conhecesse, já teria renunciado desde há muito às iniquidades próprias dos publicanos. De fato, é impossível, para quem conheceu Nosso Senhor, permanecer na iniquidade. Ora, dois eram os impedimentos para que Zaqueu enxergasse Jesus: por um lado, a multidão, que aqui significa menos um grande número de homens do que um grande número de pecados; por outro, sua pequena estatura (Tito Bostrense, p. 549).

Vê por que meios o camelo, tendo perdido as corcovas, logra passar pelo buraco da agulha, eis um homem rico, publicano, que a seu talante desliga-se do amor das riquezas, renuncia a todos os lucros fraudulentos e é abençoado com a visita do Salvador. *Ele desceu a toda pressa, e recebeu-o alegremente* (São Beda, p. 550).

É de razão que acresce o evangelista: *porque [o Senhor] havia de passar por ali*, isto é, ou onde havia o sicômoro, ou onde achava-se Zaqueu pronto para abraçar a fé. Deseja Nosso Senhor preservar o mistério com o qual a graça é semeada, anunciando o Evangelho primeiro aos judeus e depois aos gentios. Avista então Zaqueu, cuja fé sublime o encimara numa fecunda árvore, em meio aos frutos das boas obras: é como se Zaqueu, com isto, se colocasse a si mesmo acima da lei (Santo Ambrósio, p. 552).

Como o sicômoro também é chamado de figueira-doida (*fícus fatua*), Zaqueu, pequeno de estatura, com erguer-se, não acertou a divisar Nosso Senhor – porque, humilde, escolhe o que é tido por loucura pelo mundo – e contemplar assim em todo o seu brilho a sabedoria divina. Com efeito, que há de maior loucura aos olhos do mundo do que alguém que se recuse retomar o que perdeu, que abandone seus bens aos ladrões e, finalmente, que não retribua injúria com injúria? Ora, é justamente esta louca sabedoria que nos dá a ver a sabedoria divina, se não plenamente em si mesma, pelo menos através da luz da contemplação (São Gregório Magno, p. 553).

II PARTE

NA COMUNIDADE: DO ANONIMATO PARA O SEGUIMENTO

"Zaqueu desceu imediatamente e recebeu Jesus com alegria em sua casa" (LC 19,6).

Querido irmão e irmã, vamos aprofundar alguns elementos que a aproximação com o relato de Zaqueu nos apresentou. Serão quatro imagens que nos acompanharão nessa segunda parte de nosso subsídio: a cidade, a multidão, o adulto e a comunidade.

Venha conosco! Você não vai se arrepender!

1 A CULTURA URBANA: OPORTUNIDADES E DESAFIOS

A primeira imagem que surge da leitura bíblica proposta é a figura da cidade. Jesus e Zaqueu estão na cidade de Jericó e nesse contexto acontece o encontro entre eles. Olhar para esse cenário nos ajuda a expressar o que acontece em nosso contexto atual, mas também pode iluminar a "percepção do discípulo missionário sobre a inquestionável presença amorosa de Deus" (DGAE 2019-2023, n. 46).

Algumas citações bíblicas nos ajudam a perceber que Jesus andava de cidade em cidade anunciando o Reino de Deus. Vejamos algumas delas na narrativa da comunidade lucana:

- *"Jesus desceu a Cafarnaum, cidade da Galileia" (4,31).*

- *"Mas Ele lhes disse: é necessário que eu anuncie a Boa-nova do Reino de Deus também a outras cidades, porque é para isso que eu fui enviado" (4,43).*

- *"Depois disso, Jesus foi a uma cidade chamada Naim, acompanhado de seus discípulos e de grande multidão" (7,11).*

- *"Depois disso, Jesus percorria cidades e povoados proclamando e anunciando a Boa-nova do Reino de Deus" (8,1).*

Não é de hoje que a vida e a cultura urbana são desafios para o anúncio do Reino. Vivemos em uma crescente urbanização[1]. Os grandes

[1]O censo do IBGE de 2010 nos apresenta os seguintes dados sobre a população nos estados que compõe nossos regionais: O estado de São Paulo tem uma população total de 41.262.199 habitantes, dos quais 39.585.251 moram na área urbana. O estado do Paraná tem uma população total de 10.444.526 habitantes, do quais 8.912.692 moram na área urbana. O estado do Rio Grande do Sul tem uma população total de 10.693.929 habitantes, dos quais 9.100.291 moram na área urbana. O estado de Santa Catarina tem uma população total de 6.248.436 habitantes, dos quais 5.247.913 moram na área urbana. O estado do Mato Grosso do Sul tem uma população total de 2.449.024, dos quais 2.097.238 moram na área urbana. Fonte: IBGE.

centros urbanos têm se multiplicado de forma acelerada. Estamos imersos numa cultura urbana que permeia todos os espaços no campo e na cidade. Nossos catequistas, desde o I Sulão de Catequese, também tiveram esta sensibilidade com os desafios provocados pela transformação cultural do último século.

As pessoas não só tendem a viver mais nas cidades, como também o estilo de vida e a mentalidade dos ambientes citadinos se expandem sempre mais, alcançando os rincões mais distantes, com todas as consequências – humanas, éticas, sociais, tecnológicas e ambientais.

As cidades atuais são ambientes nos quais as pessoas são continuamente chamadas a escolher, desde aspectos mais imediatos até questões mais profundas diretamente ligadas ao sentido da vida. E tem se tornado cada vez mais comum nas cidades os pequenos condomínios, espaços que garantem a proximidade dos grandes centros, mas demonstra isolamento de tudo e de todos, buscando algum tipo de privacidade e relaxamento que a via pública não consegue mais oferecer. Esse novo desenho urbano se torna também desafiador a nós.

Os discípulos missionários são convocados a escutar, admirar e compreender a mentalidade urbana atual, cujas marcas são globais e, ao mesmo tempo, diversificadas e plurais. Embora assustadoras, devem ser vistas como um ambiente a ser contemplado, na busca dialogal em perceber Jesus que está na cidade a nos chamar e nos oferecer a sua salvação.

Ao contemplar o fenômeno da cultura, podemos entender as palavras do Papa Francisco quando ele nos alerta que "um anúncio renovado proporciona aos crentes, mesmo tíbios ou não praticantes, uma nova alegria na fé e uma fecundidade evangelizadora" (EG, n. 11). De fato, precisamos de um novo ardor no anúncio de Jesus Cristo, de forma que brote da alegria de termos sido encontrados por Ele e de termos encontrado a salvação.

Por isso podemos afirmar que a cultura urbana é o espaço no qual a experiência religiosa é vivida mais como opção do que tradição. É nesse sentido que a evangelização que proponha o despertar para a fé se faz urgente aqui. Porém, só levaremos isso a sério se buscarmos uma Igreja em saída, na expressão do papa, nas periferias existenciais, no encontro sincero com as pessoas e nos convencer, ao mesmo tempo, de que o mundo urbano é lugar da presença de Deus. Os desafios e as contradições não apagam a marca do Criador em nós.

Deixemos ecoar em nossos ouvidos e corações uma citação do Documento de Aparecida, em seu n. 29: *"Conhecer a Jesus é o melhor presente que qualquer pessoa pode receber; tê-lo encontrado foi o melhor que ocorreu em nossas vidas, e fazê-lo conhecido com nossa palavra e obras é nossa alegria"*. Esse é o desafio: anunciar Jesus Cristo como o único que preenche a vida de verdadeiro sentido e que nos dá alegria de viver. A experiência de conversão com Ele nos impulsiona a fazê-lo conhecido e amado.

O contexto em que vivemos está sedento de Deus, ainda que não de responsabilidade institucional. Como discípulos missionários de Jesus Cristo somos desafiados a anunciar a Boa-nova numa sociedade consumista, imediatista e pouco comprometida com aquilo que Jesus apontou profeticamente: o Reino de Deus. Nessa perspectiva, a cultura urbana exige a conversão de uma pastoral de manutenção para uma pastoral missionária, ciente de que a fé deve ser vivida como proposta e não suposta, meramente herdada por tradição sem viver essa experiência concreta.

Para pensar e partilhar

1. Quais benefícios e quais desafios a cultura urbana trouxe para a evangelização?
2. Que iniciativas pastorais têm dado certo na evangelização das realidades urbanas?
3. Qual a principal beleza de sua cidade?

Texto bíblico para aprofundamento: Lc 7,11-17.

2 A MULTIDÃO: EMPECILHOS E BUSCAS

Você já reparou que em várias passagens bíblicas encontramos referências às multidões que seguem Jesus? Isso quer nos dizer que, além do grupo mais próximo de seguidores, muito mais pessoas tinham contato com Jesus, ouviam sua pregação e presenciavam seus milagres. As multidões não são uma categoria neutra nas narrativas evangélicas, por isso dedicamos a elas uma reflexão mais aprofundada.

No relato de Zaqueu, a multidão ao redor de Jesus pode nos transmitir uma imagem negativa. Ela impede que Zaqueu se aproxime de Jesus e também critica o Mestre por se hospedar na casa de um pecador. Algumas narrativas de milagres nos mostram o mesmo empecilho representado pela multidão. Temos por exemplo o caso do paralítico (Mc 2,1-12) ou do cego Bartimeu, que é repreendido pela multidão ao gritar por Jesus pedindo o milagre (Mc 10,48).

Se olharmos com mais atenção, vamos perceber que "as multidões" são presença constante nas narrativas evangélicas. Elas estavam presentes no início e no fim da vida pública de Jesus (Mt 4,25 e Mt 27,24). A relação que cultivaram com Jesus não é neutra ou apática, pois elas o seguem (Mt 4,25), reconhecem a autoridade de Jesus (Mt 7,28), aclamam Jesus como Filho de Davi (Mt 12,23). É preciso dizer ainda que as multidões são destinatárias das atividades evangélicas de Jesus, pois Ele cura os enfermos (Mt 14,14), dirige a elas sua pregação (Mt 12,46) e também dá de comer (Mt 15,32-39). As multidões testemunham prodígios (Mt 14,19-20) e nos momentos finais da vida de Jesus, em sua paixão e crucificação, estavam presentes, enquanto os discípulos tinham fugido (Mt 26,47.55; 27,15).

A primeira ideia que vem à mente quando pensamos em "multidão" é aglomeração desorganizada e anonimato. É muito difícil reconhecer, ou até mesmo encontrar alguém, quando estamos no meio de muitas pessoas. O fenômeno da cultura urbana que caracteriza nossa época pode favorecer esse anonimato, esse perder-se em um grupo que não nos individualiza e nos deixa, de certa forma, em uma situação cômoda em que não precisamos tomar posição. Hoje também vivemos, dentro da realidade virtual, uma fusão entre aquilo que chamamos de *on-line* e *off-line*. Atualmente podemos reconhecer que as pessoas já não separam de forma dualista essa realidade e, assim, cada um de nós, hoje, faz parte da grande multidão que compartilha, dá *likes*, publica *stories* e acompanha o perfil de diversas pessoas, denominadas influenciadoras, como também o perfil daqueles que fazem parte dos seguidores de alguém que buscam seu lugar ao sol, como aqueles que nas grandes praças atraem pessoas para si. Na linguagem atual, a multidão Pós-moderna foi "reconfigurada" e estamos submersos nela também.

E mais: mergulhados na emergente cultura digital, somos *megabytes* dissolvidos na imensidão e por que não dizer na multidão de caracteres e sinais que, desde os *smartphones* que carregamos no bolso, também podemos nos esconder no anonimato e alcançar qualquer rincão do mundo.

Se olharmos para a multidão como uma categoria que dificulta o encontro com Jesus com as pessoas, podemos pensar nas dificuldades que nossas comunidades têm de se abrir para o novo, de acolher, de acompanhar aqueles e aquelas que desejam se tornar seguidores da Palavra viva, da pessoa de Jesus Cristo e de sua mensagem. Muitos não querem perder o espaço que conquistaram próximo a Ele. Outros, em meio aos ruídos externos, acabam por perder a sensibilidade em relação àqueles que se aproximam e buscam, ao menos, tocar o manto de Jesus (Lc 8,43-44).

Por vezes nossas comunidades também se tornam espaço de anonimato. As pessoas se acostumam a "assistir à missa" ou a "pagar o dízimo", cumprindo ritos e obrigações estabelecidas culturalmente e não se envolvem com a vida da comunidade. Em outros momentos, torna-se difícil fazer parte de uma comunidade pela burocracia que envolve tal atitude. Ainda observa-se a dificuldade de pensar novas configurações de comunidade que se limitam à questão geográfica, a ponto de dizer que esta é a "minha" ou a "sua" paróquia. Outras vezes, os horários de atendimento estão distantes da realidade de quem precisa e a comunidade acaba por imprimir um ritmo comercial que entra na lógica do mercado.

Podemos, também, reconhecer a multidão como espaço de busca. Ainda que as pessoas pareçam perdidas e sem buscar saber de Deus, nossa atenção precisa ser renovada para descobrir os sinais da busca divina presente em cada pessoa e os seus anseios que, em muitos casos, e, por vários motivos, tem o desejo de Deus, mas não quer frequentar uma Igreja ou participar da vida comunitária.

Como Zaqueu que se destaca da multidão e corre à frente para ver Jesus, lembramos mais uma vez o relato da mulher que sofria de uma forte hemorragia há 12 anos (Mc 5,24-34). A passagem bíblica mostra que ela, no meio da multidão, tomou coragem de se aproximar de Jesus e tocá-lo. Esse gesto de fé garantiu a sua cura. Tanto Zaqueu quanto a mulher curada ao tocar Jesus são exemplos de pessoas sedentas que se encontram no meio da multidão e pedem passagem para alcançar a salvação.

Nossa missão está em reconhecer que quando alguém se aproxima pedindo os sacramentos, ou uma bênção especial, ou até mesmo buscando desabafar seus problemas, na verdade está, ainda que não diga explicitamente, buscando o Senhor. Nesse caso, o desafio para nós, agentes de pastoral, é o de colocar-se ao "lado dos homens e das mulheres deste tempo, para tornar presente o Senhor na sua vida, para que possam encontrá-lo" (Doc. 107, n. 38). Por mais desafiador que seja, precisamos estabelecer processos que ajudem a resgatar a dimensão pessoal em nossas comunidades. É urgente promover iniciativas que personalizem a fé, que gerem adesão pessoal. Conseguiremos isso se começarmos a reconhecer a "multidão" como espaço de busca, se olharmos para as pessoas não como pecadoras, mas peregrinas em busca de sentido para a vida.

A mudança se dará quando conseguirmos implementar em nossas comunidades atitudes que individualizem a fé para que, desde o indivíduo, construa-se a dinâmica comunitária que tanto desejamos. Precisamos optar por uma comunidade que vai em busca, que se abre, que vê, chama, visita, gasta tempo, que rompe preconceitos. A imagem que se desenha é de uma comunidade em saída, como lembra com carinho o Papa Francisco, que ultrapassa os umbrais das portas e vai ao encontro de quem está na praça, no comércio, na universidade, no hospital, na prisão e até mesmo em casa. Uma Igreja em saída é uma comunidade que reconhece a necessidade de "sair da própria comodidade e ter a coragem de alcançar todas as periferias que precisam da luz do Evangelho" (EG, n. 20).

Para pensar e partilhar

1. Ao olhar para a ação pastoral de nossas comunidades, é possível identificar algumas atitudes que impedem as pessoas de se aproximarem de Jesus?
2. Conseguimos experimentar a fé das pessoas que se aproximam de nossas comunidades, mesmo quando pedem "apenas" os sacramentos?
3. Quais lugares de encontro a Igreja precisa se fazer presente com sua ação evangelizadora?

Texto bíblico para aprofundamento: Mc 5,21-43.

3 OS ADULTOS: DESCOBERTA E ACOMPANHAMENTO

Zaqueu procurava ver quem era Jesus. Como não conseguiu espaço entre as pessoas mais próximas, correu na frente e subiu numa árvore, pois sabia que Jesus deveria passar por ali. Ele foi persistente! Esse comportamento nos lembra outros personagens bíblicos que também se empenharam para ver Jesus. Vamos recordar alguns? Podemos citar:

- O leproso que se aproximou de Jesus para suplicar a cura (Mc 2,40);
- Jairo, o chefe da sinagoga, que se aproximou para implorar a cura para sua filha (Mc 5,22-23).
- A mulher siro-fenícia que insistiu com Jesus para que atendesse seu pedido (Mc 7,24-30).
- Nicodemos, um fariseu, que procurou Jesus para conversar com Ele (Jo 3,1-15).
- Até mesmo Herodes tinha curiosidade para ver Jesus devido a tudo que havia escutado sobre Ele (Lc 23,8-9).

De forma especial, recordamos também a passagem do Eunuco Etíope (At 8,26-39), que é um adulto, que não era judeu, mas temente a Deus, adorador do Deus Único, que está lendo uma passagem da Escritura. Quando Filipe se aproxima e lhe pergunta se entende o que está lendo, ele responde: "como posso entender, se ninguém me explica?" Essa passagem nos aponta para as mais diversas necessidades que os adultos apresentam para as nossas comunidades. Quase sempre chegam pela busca de sacramentos e outras bênçãos. Essa é a oportunidade que não podemos perder para evangelizar!

No caso de Zaqueu, seu diferencial é o fato de se aproximar de Jesus sem a intenção de pedir um milagre. Ele não tinha a curiosidade de Herodes, que queria apenas ver um sinal de Jesus. Zaqueu se apresenta a nós como alguém que sente curiosidade e não desanima diante dos empecilhos que se apresentam. Podemos compará-lo com muitos adultos de hoje, homens e mulheres que estão em busca, ainda que não saibam identificar o que buscam. Zaqueu nos faz recordar da sede que trazemos no coração, do desejo de encontrar o sentido da vida e da salvação.

Zaqueu é a figura do adulto de hoje. Muitos são os que andam inquietos pelo mundo, descontentes com propostas que ainda não conquistaram sua mente e seu coração. O ser humano vive à procura de respostas sobre a vida e, no íntimo, sobre si mesmo. Pode até ser iludido por turbilhões de sensações e prazeres que escondem essa busca, fugas que o afastam de saber mais de si mesmo e que acabam levando a caminhos perigosos ou alienantes. Mas as perguntas continuam lá dentro de homens e de mulheres que querem saber quem são, por que estão neste mundo, que sentido têm as escolhas que a vida exige de cada um deles. E nos últimos anos tem-se intensificado a proposta da Igreja de se aprimorar as condições para a catequese com adultos, antes marginalizada pela conjuntura social e cultural na qual nos encontrávamos. No mundo secularizado em que estamos, nada melhor do que fortalecer esta catequese e a formação permanente dos batizados não evangelizados, como lembraram os bispos latino-americanos desde o encontro de Medellín, na Colômbia, em 1968.

Não podemos esquecer que quem chega à idade adulta com essas indagações precisa mais do que uma síntese doutrinal. Traz toda uma vida cheia de experiências, perplexidades, alegrias e decepções. Sendo assim, não basta estudar somente as verdades de fé do catolicismo. O adulto cheio de perguntas quer descobrir sentido na vida, nos seus relacionamentos. Ele precisa de quem o acompanhe, de quem se coloque ao seu lado.

É preciso lembrar, mais uma vez, que isso não se faz num cursinho rápido e nem mesmo numa catequese isolada de outros aspectos da vida eclesial. Não se trata de "aprender coisas", trata-se de adesão consciente a um projeto de vida. Podemos optar por uma evangelização geradora de processos e vínculos.

Jesus evangelizou os adultos e abençoou as crianças. Uma Igreja em missão precisa responder às necessidades e às buscas dos adultos. Perceber os tantos "Zaqueus" que estão em nosso meio e olhá-los como peregrinos em busca de algo que dê sentido em suas vidas. Afinal de contas, nós também somos peregrinos neste mundo!

Ao falar do acompanhamento dos adultos não podemos deixar de mencionar os números 169 a 173 da Exortação *Evangelii Gaudium,* do Papa Francisco. Nesses números encontramos orientações preciosas, vamos conferir mais de perto? Eis algumas frases fortes que falam por si só:

- "[...] a Igreja tem necessidade de um olhar solidário para contemplar, comover-se e parar diante do outro, tantas vezes quantas forem necessárias".
- Precisamos "tornar presente a fragrância da presença solidária de Jesus e o seu olhar pessoal."
- Deve-se aprender a "[...] 'arte do acompanhamento, para que todos aprendam a descalçar sempre as sandálias diante da terra sagrada do outro (cf. Ex 3,5)'".
- "[..] o acompanhamento espiritual deve conduzir cada vez mais para Deus, em quem podemos alcançar a verdadeira liberdade".
- "Precisamos de nos exercitar na arte de escutar, que é mais do que ouvir".
- "Quem acompanha sabe reconhecer que a situação de cada pessoa diante de Deus e a sua vida em graça é um mistério que ninguém pode conhecer plenamente a partir do exterior".
- "O acompanhamento espiritual autêntico começa sempre e prossegue no âmbito do serviço à missão evangelizadora".

É preciso destacar que "os adultos são, no sentido mais amplo, os interlocutores primeiros da mensagem cristã" (DNC, n. 181). E a iniciação deles "requer o envolvimento e a responsabilidade de toda a comunidade de fé" (Doc. 107, n. 205). Por isso, para evangelizá-los, a comunidade eclesial deve estar atenta para "orientar seus melhores agentes" (CR, n. 130). Este elemento da nossa reflexão é fundamental para entendermos o papel do catequista em seu ministério eclesial e sua missão no mundo.

Para pensar e partilhar

1. Qual iniciativa pastoral de sua comunidade é voltada para acompanhar os adultos?
2. O documento dos bispos *Catequese Renovada*, que está completando 40 anos, diz no número 130: *"é na direção dos adultos que a evangelização e a catequese devem orientar seus melhores agentes"*. Em sua comunidade a formação de agentes para acompanhar os adultos é uma prioridade?
3. Até que ponto estamos empenhados na aproximação e acompanhamento dos adultos?

Texto bíblico para aprofundamento: At 8,26-40.

4 A COMUNIDADE: PROXIMIDADE, DIÁLOGO E CONVERSÃO

Zaqueu encontrou-se com Jesus no caminho, mas foi em sua casa que estabeleceu com o Senhor um diálogo que o conduziu à conversão. Foi no interior da casa que Zaqueu assimilou e assumiu os valores do Reino. Esse encontro nos mostra que "a casa, enquanto espaço familiar, foi um dos lugares privilegiados para o encontro e o diálogo de Jesus e seus seguidores com diversas pessoas" (DGAE, n. 73).

A casa era o espaço em que Jesus ensinava, curava e perdoava os pecados (Mc 2,1-12); também na casa Ele partilhava a refeição com os pecadores (Mc 14,3); na casa se refletia sobre o comportamento na comunidade e sobre a importância de ouvir a Palavra de Deus (Mc, 9,33; Mt 13,17-43). No Livro dos Atos dos Apóstolos, percebemos que as primeiras comunidades acolheram a dinâmica da "Igreja nas casas", pois os discípulos "partiam o pão pelas casas e tomavam a refeição com alegria" (At 2,46). A casa dos primeiros discípulos se vê representada hoje na Igreja, a casa da comunidade, chamada a ser espaço de proximidade, de oração, de diálogo e de conversão diária.

Atualmente, constatamos que nossas comunidades nem sempre têm conseguido formar discípulos missionários. Percebe-se pouca experiência de vida comunitária, devido ao fechamento das pessoas em seus pequenos mundos e imersas num constante ativismo. A falta de disponibilidade para ir ao encontro dos outros, especialmente os que se encontram nas periferias também é um ponto de destaque, porque ainda experimentamos um estilo paroquial de comunidade que centraliza e, às vezes, dificulta ir além-fronteiras. Sem contar a busca por uma religiosidade difusa e de consumo, que acaba por formatar pessoas que se dirigem às igrejas somente quando necessitam buscar algo específico de Deus, num caminho perigoso de muitas teologias da prosperidade que estão ao nosso redor e multiplicam-se cada vez mais. Muitas de nossas comunidades cristãs perderam o senso de pertença e sua consciência missionária. Nesses casos, a comunidade se confunde com o desenvolvimento de algumas atividades e eventos, que não geram um processo de discipulado, comunhão e missionariedade.

4.1 A comunidade e a Iniciação à Vida Cristã

Quem está fora da comunidade e se coloca no caminho da Iniciação à Vida Cristã precisa sentir-se acolhido na comunidade e descobrir nela o exemplo concreto do tipo de vida com o qual ele quer se comprometer.

Precisamos admitir que nossas lideranças necessitam passar por um processo iniciático de conversão que as dinamizem na fé. Será esse processo que renovará a comunidade, para que ela possa oferecer um espaço acolhedor e transformador. Os cristãos, efetivamente, assumirão o dom e a responsabilidade do testemunho de discípulo missionário, capaz de formar e alimentar discípulos entusiasmados do Senhor. Ou como diz aquele sábio e verdadeiro ditado: "ninguém pode dar aquilo que não tem"!

Deixemos, por um momento, ecoar em nossos ouvidos e corações o apelo do Documento de Aparecida, n. 549:

> Para nos converter em uma Igreja cheia de ímpeto e audácia evangelizadora, temos que ser de novo evangelizados e fiéis discípulos [...] não temos de dar nada como pressuposto e descontado. Todos os batizados são chamados a recomeçar a partir de Cristo, a reconhecer e seguir sua Presença com a mesma realidade e novidade, o mesmo poder de afeto, persuasão e esperança, que teve seu encontro com os primeiros discípulos nas margens do Jordão.

Para acolher a todos é necessário receber cada pessoa na sua condição religiosa e humana, sem colocar, de imediato, obstáculos doutrinais e morais para a sua chegada. Trata-se de uma atitude misericordiosa da Igreja. Durante o caminho de amadurecimento da fé, a pessoa será orientada a uma conversão e conhecerá a doutrina e a moral cristãs, num processo gradual. Na pedagogia divina, o abraço materno da Igreja vem antes de tudo. É assim que a Igreja reconhece, desde o Concílio Vaticano, o resgate do catecumenato para os adultos iniciarem sua fé. De um despertar inicial querigmático, orienta-se para o aprofundamento da fé doutrinal que a Igreja ensina, acolhe-se os eleitos para a iniciação sacramental e, em seguida, envia-os em missão dentro da comunidade, assumindo a responsabilidade de ser fermento, sal e luz, fortalecidos pelo Espírito.

4.2 A comunidade e a conversão pastoral

A Iniciação à Vida Cristã supõe e provoca sempre a conversão pastoral. Isso significa que assumir os processos iniciáticos ajudará a abandonar as estruturas que não favorecem a vivência e a transmissão da fé. O desafio é entender nossas comunidades como uma casa sempre de portas abertas, para a acolhida e para a missão. Pois é na casa que acontece o encontro, que se passa do anonimato da multidão para a partilha fraterna, que os laços se estreitam e as relações se aprofundam.

Compreender a comunidade como casa significa compreendê-la como lugar para o verdadeiro encontro com Jesus Cristo e para isso é preciso superar os moralismos e sentir-se família. Não se trata de uma associação ou de um clube, mas de espaços onde se aprende a se sentir unidos aos outros para além dos vínculos utilitários ou funcionais, unidos de tal maneira que sintamos a vida um pouco mais humana. De fato, criar lares, casas de comunhão, é permitir que o modelo das primeiras comunidades (At 2,42-47; 4,32-35), muitas vezes visto como utópico e inalcançável – seguir o ensinamento dos apóstolos, a vivência fraterna, o partir do pão e as orações – tome forma e torne as nossas horas e nossos dias menos inóspitos, menos indiferentes e anônimos.

As pessoas precisam de lugares onde possam expor sua nostalgia interior. Por isso somos chamados a procurar novos caminhos para a evangelização, inclusive naquilo que o Concílio Vaticano II propôs de experimentar as alegrias, as esperanças e as dores dos homens e das mulheres (GS, n. 1). Precisamos de comunidades nas quais se cultivem boas relações e de amizades que partilhem experiências de fé nos âmbitos da família, do trabalho e de outros espaços sociais.

A renovação comunitária exige assumir decididamente a Iniciação à Vida Cristã. Uma comunidade que propõe processos iniciáticos àqueles que a procuram se transforma quando busca viver a missão no dia a dia. A inspiração catecumenal dos processos há que ser uma prioridade em toda a Igreja. Assim, passa-se de uma catequese de mera instrução para uma metodologia querigmática e mistagógica, inspirada no Ritual da Iniciação Cristã de Adultos.

Essa conversão pastoral será experimentada à medida que as práticas e as estratégias das comunidades cristãs mudarem de foco. Deixando de conduzir apenas para o sacramento e passando a investir em verdadeiros ambientes de anúncio e de celebração do mistério pascal de Jesus Cristo. Essa conversão pastoral significa converter-se de uma catequese e pregação sacramentalista para uma formação integral da pessoa humana, tendo como modelo Jesus de Nazaré – em vista de um novo jeito de ser e agir nos ambientes da sociedade, seja no trabalho, no lazer, na escola, na família e com os amigos.

No *Diretório para a Catequese*, a comunidade aparece sempre como sujeito da catequese. Merece destaque aqui quando se fala da prática sinodal que parte da comunidade cristã: a prática da escuta, porque quando se escuta a Igreja e uns aos outros, também escutamos o Espírito Santo em sua docilidade. É nesse sentido que "A instância sinodal propõe objetivos importantes para a evangelização: leva a discernir juntos os caminhos a serem percorridos; leva à ação em sinergia com os dons de todos; contrasta o isolamento das partes ou dos indivíduos" (DC, n. 289). Que este tempo favorável que a Igreja nos oferece nos ajude a romper tantas barreiras que impedem a voz do Espírito ecoar aos rincões deste mundo através de nós, batizados e enviados em missão.

Para pensar e partilhar

Convidamos você leitor a pensar em três perguntas que o Papa Paulo VI apresentou no início da Exortação *Evangelii Nuntiandi*, no sínodo dos bispos sobre a evangelização. Essas perguntas são de 1975, mas demonstram-se muito atuais:

- O que é feito, em nossos dias, daquela energia escondida da Boa-nova, suscetível de impressionar profundamente a consciência do ser humano?
- Até que ponto a força evangélica está em condições de transformar verdadeiramente o ser humano deste nosso século?
- Quais os métodos que deverão ser seguidos para proclamar o Evangelho de modo a que a sua potência possa ser eficaz?
- Estas perguntas continuam atuais? Em que elas nos provocam?

Texto bíblico para aprofundamento: At 2,42-47.

O Sulão de Catequese: memórias e contribuições

Na linguagem da internet há uma sigla interessante: o "tbt"[2]. Caso você não a conheça, dê uma olhada na nota de rodapé no final desta página. Nós queremos fazer um "tbt" do Sulão, não com fotos, mas com reflexões. Vamos resgatar os Sulões e perceber de que modo se aproximam dos temas presentes neste X Sulão.

Talvez você possa pensar que os assuntos abordados neste material sejam novidade, porém não é bem assim. Temas como cultura e catequese urbana, adulto, cidade, entre outros, já foram amplamente refletidos nos outros momentos dos nossos regionais. Agora é o caso de nos perguntarmos: qual a contribuição das edições anteriores para o enriquecimento de nossa reflexão?

É importante frisar que a atenção com a cultura urbana e os seus desafios para a catequese marcam a caminhada do Sulão desde o seu início, em 1987, durante uma reunião em Brasília. A reflexão surgiu timidamente no **I Sulão**, em 1988, quando se olhou para a realidade dos regionais e se perguntou: O que temos feito? Promoveu-se então, naquela ocasião, uma troca de experiências sobre a catequese urbana e a necessidade de aprofundar a formação de catequistas para que pudessem responder aos desafios da época em que se encontravam, à luz do documento *Catequese Renovada*.

O **II Sulão**, realizado em São José dos Campos (SP), em 1992, perguntou-se pela relação entre pastoral urbana e catequese. A reflexão procurou compreender a catequese dentro da ação global da Igreja na cidade e a partir da complexidade do mundo urbano. Para aprofundar o tema, as reflexões se voltaram para a necessidade de renovação constante que exige da catequese o aperfeiçoamento de seus conteúdos e de

2 Tbt é uma gíria popular que significa *Throwback Thursday* e pode ser traduzida do inglês como quinta-feira do retorno ou quinta-feira do regresso. A gíria, simbolizada por #tbt, é utilizada pelos usuários de redes sociais como *hashtag* para marcar fotos que se refiram ao passado e/ou que deem saudades. Fonte: https://www.significados.com.br/tbt/

sua mensagem. Fazia-se necessário adequar-se a fim de responder ao pluralismo de anseios que vem do mundo urbano.

Ainda podemos destacar dois apelos do II Sulão que continuam atuais:

1. Ver o homem e a mulher da cidade como interlocutores da catequese, percebendo-os como buscadores de Deus, mas sem esquecer o contexto em que estão inseridos.
2. Apontar para a necessidade de pensar a Igreja como casa que acolhe os novos filhos sem rejeitar os filhos mais velhos.

A conexão entre o Sulão de 1992 e o de 2021 é a preocupação de compreender a complexidade da vida na cidade. Há também o interesse em formar catequistas e evangelizadores que se entendam como discípulos missionários, com uma espiritualidade alicerçada na Palavra e na intimidade com o Senhor. A recuperação da inspiração catecumenal no método, o desejo de uma verdadeira animação bíblica da vida e da pastoral e a instituição do Ministério laical do Catequista exigem de nós uma nova postura catequética e eclesial.

O **IV Sulão**, realizado em 1998, em Lages (SC), abordou ainda a questão da linguagem catequética e da mística para, efetivamente, inculturar-se no mundo às portas do terceiro milênio. A pertinência desse tema se mostra pela compreensão de que o processo de renovação da catequese precisa atingir também a linguagem, para que a transmissão do Evangelho seja feita de maneira compreensiva.

A exigência que se apresenta é aprender a escutar e perceber as realidades que nos cercam e desafiam. Não basta se perguntar "como fazer?" É preciso dar atenção ao "como comunicar?" Nesse aspecto, o **X Sulão** enfatiza a necessidade de desenvolver processos de escuta, criar espaços em nossas comunidades para que as pessoas se sintam acolhidas e escutadas no espírito sinodal que toma conta das rodas de debates em nossas comunidades católicas.

No **V Sulão em 2003**, realizado em Campo Grande (MS), a ênfase foi no adulto como protagonista no processo catequético. O objetivo proposto para o encontro foi o de possibilitar ao adulto a vivência da fé na cidade, seguindo Jesus Cristo no compromisso de mais vida e esperança.

Interessante perceber a sintonia entre o **V** e o **X Sulão**, pois nosso olhar se direciona para o adulto e nos interrogamos sobre suas buscas e as respostas que podemos oferecer como missionários da misericórdia.

Em 2003, o lema do Sulão convidava o adulto a ir com Jesus e ver onde Ele morava (Jo 1,39). Este **X Sulão** apresenta Jesus que se convida para entrar na casa do adulto, que deseja vê-lo. Assim, este Sulão nos ajuda a compreender que o Senhor está onde estão os que desejam encontrá-lo.

Foram realizados nove Sulões de Catequese até agora. Nesse pequeno texto selecionamos apenas os que possuíam uma ligação mais direta com o tema desse **X Sulão**. Mas fica a dica aqui: que tal procurar conhecer mais de perto as reflexões dos Sulões que não foram citadas no texto?

Queremos seguir nesse caminho de reflexão diante de tantas realidades desafiadoras. Que o Sulão nos ajude a crescer enquanto discípulos missionários na busca da vontade de Deus para nossos dias. Vamos em frente, que as reflexões e inquietações não param!

III PARTE

MINISTÉRIO DE CATEQUISTA E INICIAÇÃO À VIDA CRISTÃ: SERVIR À COMUNIDADE NA EDUCAÇÃO DA FÉ

"Senhor, eis que dou a metade dos meus bens aos pobres, e se defraudei a alguém, restituo-lhe o quádruplo!" (LC 19,8).

Já sabemos que ao falar de ministério estamos falando de um serviço reconhecido pela comunidade eclesial, que é realizado por homens e por mulheres instituídos de tal autoridade. O texto bíblico que tem nos acompanhado nos ajudou a bem refletir sobre nossa missão e o sentido do ministério em nossa prática catequética. Pois bem, agora olhemos mais uma vez para Zaqueu e deixemos que ele nos ajude a compreender o processo de conversão que nasce do encontro pessoal com Jesus Cristo.

De fato, a atitude de Zaqueu, apresentada ao final do relato de seu encontro com Jesus, nos aponta uma importante característica na missão de quem assume a vocação de catequista e a vive na ótica do ministério: a diaconia, ou seja, o serviço prestado à comunidade e, ao mesmo tempo, em nome da comunidade.

Não podemos desconectar a reflexão sobre o Ministério de Catequista de toda a reflexão sobre a Iniciação à Vida Cristã, bem como dos processos de inspiração catecumenal que têm encontrado cada vez mais espaço em nossos itinerários catequéticos. Seria interessante recordar um questionamento do Papa Paulo VI que, ainda em 1975, perguntava: *"Quais os métodos que se deverão seguir para proclamar o Evangelho de modo a que a sua potência possa ser eficaz"?* (EN, n. 4). Pois bem, acreditamos que a resposta para tal pergunta pode ser encontrada na Iniciação à Vida Cristã, entendida como dom e oportunidade de renovação para nossas comunidades. De fato, a iniciação se apresenta como uma grande possibilidade de conversão pessoal e pastoral, que deve ser assumida com coragem e criatividade, pois ela se torna um caminho de conversão pessoal e pastoral.

Quando se fala de conversão pastoral não se pensa em mera mudança organizativa ou metodológica. A Iniciação à Vida Cristã exige uma nova mentalidade, capaz de assumir os processos iniciáticos como dinâmica formativa. No campo específico da catequese, as mudanças que a iniciação propõe não se reduzem a reformas, ou a uma mudança nominal, ou a simples inclusão de ritos no itinerário catequético.

A Igreja que surge a partir da Iniciação à Vida Cristã é uma comunidade que vive e testemunha a alegria de quem encontrou o Salvador, por Ele foi visitado e teve sua vida transformada. Por isso se empenha para que outros façam uma experiência semelhante.

Ao falarmos da Igreja que nasce da Iniciação à Vida Cristã percebemos características importantes como: uma Igreja que acolhe, acompanha, anuncia, festeja e que se solidariza. Essas características garantem a vida e dão novo significado à existência das comunidades cristãs. Eis o legado da Iniciação à Vida Cristã para a Igreja: comunidades missionárias, orantes, testemunhas da vida nova em Cristo, espaço do encontro salvador com Jesus Cristo!

É possível destacar três processos de conversão:

1º) Somos chamados a uma **conversão querigmática** para conhecer e anunciar com mais ardor a Jesus Cristo com nosso testemunho.

2º) Somos também convidados a uma **conversão mistagógica** para vivermos mais intensamente o mistério pascal, anunciado, professado e celebrado na comunidade cristã.

3º) Somos convocados a uma **conversão vivencial** para suscitar os valores do Reino de Deus inaugurado na pessoa de Jesus Cristo no caminho do discipulado para o qual nos envia em missão.

1 CONVERSÃO QUERIGMÁTICA

Ao ouvir a palavra de Jesus "desce depressa, hoje devo ficar em sua casa", Zaqueu foi provocado. Ele que procurava ver Jesus, agora foi encontrado por Ele. A palavra de Jesus exerceu uma atração decisiva na vida de Zaqueu, fazendo com que se abrisse um caminho de profunda transformação. O anúncio impactante de Jesus Cristo do Reino de Deus, entre nós, é um dos imperativos para o nosso tempo. É o que chamaremos de conversão querigmática.

As narrativas do Livro dos Atos dos Apóstolos nos mostram que o anúncio de Jesus Cristo, feito pelos primeiros cristãos, era marcado por grande força de atração. Recordemos a história de Cornélio (At 10) e o querigma que Pedro profere em sua casa (At 10,34-43). Nesse texto é possível perceber a convicção de quem anuncia e a força que tem o anúncio cristão, pois "Pedro ainda estava falando quando o Espírito Santo desceu sobre todos os que estavam escutando a palavra" (At 10,44). É preciso anunciar. E esse anúncio deve nascer de um contato com o Senhor que nos indica o caminho.

Quando se propõe uma conversão querigmática, na verdade estamos voltando nosso olhar para o ponto central, que é aquele de onde tudo surge: Jesus Cristo e sua Boa-nova. Não podemos esquecer que "no centro do processo formativo, celebrativo e missionário da Igreja, está essencialmente uma pessoa: Jesus de Nazaré, Filho único do Pai" (Doc. 107, n. 156). Ora, se Jesus é o centro, então é preciso partir d'Ele e para Ele sempre retornar.

Se nos perguntarmos sobre o que se quer dizer com querigma, uma primeira definição é a de que o termo significa o anúncio. Já se percebe uma implicação pastoral: se querigma é anúncio, então se faz necessário uma atitude missionária, isto é, a comunidade cristã precisa se colocar em atitude de saída.

Com facilidade também identificamos querigma com primeiro anúncio, porém é preciso recordar que o "primeiro anúncio" é no sentido qualitativo. O querigma, na verdade, é "o anúncio principal, aquele que sempre se tem que voltar a ouvir de diferentes maneiras e aquele que sempre se tem de voltar a anunciar, de uma forma ou de outra" (EG, n. 164).

Podemos nos perguntar sobre como o querigma deve ser proferido. Pois bem, precisamos destacar que o anúncio querigmático não é "um reavivamento religioso, uma busca por milagres" (Doc. 107, n. 156), antes se trata de anunciar Jesus de tal maneira que faça arder o coração de quem escuta. Por isso é necessário pensar em "cristãos que fizeram experiência do encontro com o Senhor e se tornaram discípulos missionários" (Doc. 107, n. 159).

O Papa Paulo VI já afirmava que a "Boa-nova há de ser proclamada, antes de mais nada, pelo testemunho" (EN, n. 21). Eis uma forte ação evangelizadora e por que não querigmática: o testemunho de uma vida alicerçada em Jesus Cristo, crucificado e ressuscitado.

Talvez seja possível nos perguntarmos: qual a finalidade do querigma? Para responder essa questão basta recordar o que diz Bento XVI: "ao início do ser cristão não há uma decisão ética ou uma grande ideia, mas o encontro com um acontecimento, com uma Pessoa que dá à vida um novo horizonte e, desta forma, o rumo decisivo" (DCE, n. 1). Então a finalidade do querigma não é convencer intelectualmente, mas sim partilhar o "testemunho de uma experiência capaz de contagiar outros" (Doc. 107, n. 155). Para isso é preciso "formar discípulos que praticam a fraternidade e o amor ao próximo e queiram ir sempre mais adiante no caminho de Jesus" (Doc. 107, n. 156).

Refletir sobre o querigma é ter presente que não podemos pressupor a fé e o conhecimento de Jesus Cristo e de sua mensagem de salvação. Um desafio que se torna cada vez mais urgente é o de não supor a fé das famílias. Para isso é preciso superar as formações de síntese doutrinal, os moralismos e os julgamentos que excluem. Podemos assumir posturas e processos que sejam bíblicos e iniciáticos, marcados pelo testemunho e pelo anúncio corajoso de Jesus Cristo, optando por contribuir para ajudar a renovar as estruturas eclesiais para que sejam espaços de acolhida, ou como nos pede o Papa Francisco, que seja uma Igreja em saída (cf. EG, 24).

Por isso, é fundamental que, "Diante das famílias e no meio delas, ressoar sempre de novo o primeiro anúncio, que é o 'mais belo, mais importante, mais atraente e, ao mesmo tempo, mais necessário' e 'deve ocupar o centro da atividade evangelizadora'" (cf. AL, n. 58).

Ainda é possível se perguntar: "quem deve ser o anunciador do querigma"? E a resposta é que o cristão batizado e iniciado na prática da vida cristã é chamado a ser responsável para que o querigma seja proclamado.

Como bem diz o ditado popular "ninguém dá o que não tem". Por isso a implicação pastoral que encontramos aqui é a de que se alguém se propõe a ser missionário, precisa antes fazer a experiência do discípulo, isto é, precisa sentar-se aos pés do Mestre e com Ele dialogar, permitir que Ele lhe fale, lhe ensine. Como isso será possível? Por meio da Leitura Orante, como exercício de oração e método de formação.

Anunciar é missão de quem foi transformado pelo encontro salvador com Jesus Cristo. Por isso precisamos assumir a formação de discípulos missionários como prioridade. A ação pastoral precisa enfrentar a dimensão formativa com coragem oferecendo às lideranças momentos de contato com a Palavra e de intimidade com Jesus Cristo.

A dimensão querigmática nos questiona sobre a força que move o nosso agir e em nome de quem falamos e sobre o que falamos. É o momento de conhecer a Jesus Cristo, por isso faz-se necessário voltar sempre ao anúncio feito com convicção e entusiasmo.

A conversão querigmática nos desafia:

1. Assumir a Leitura Orante como exercício de formação e oração.
2. Compreender o ensinamento sobre o matrimônio e a família como aprofundamento do querigma e não mais como "defesa de uma doutrina fria e sem vida" (AL, n. 59).
3. Repensar nossos programas formativos para que não sejam mera síntese de doutrina, e sim espaços de formação para o discipulado e contato com a Palavra de Deus.

Texto bíblico para aprofundamento: At 10,1-48.

2 CONVERSÃO MISTAGÓGICA

No encontro com Jesus Cristo em sua casa, Zaqueu ouviu as seguintes palavras: "Hoje a salvação chegou a esta casa, pois também este é um filho de Abraão". Quando nos encontramos com Jesus, encontramos a salvação. Um dos modos privilegiados desse encontro é a liturgia, como celebração do mistério pascal e atualização desse em nossa vida pessoal e comunitária. Disso decorre a necessidade da iniciação à vida litúrgica, como caminho para viver do mistério celebrado. Isso é o que chamamos de mistagogia: um caminho de conversão urgente para os nossos tempos.

No Livro do Êxodo, quando se narra a ceia pascal dos judeus, encontramos uma pergunta: "que significa esse rito?" (Ex 12,26). Nessa passagem temos um exemplo de catequese mistagógica, ou seja, a explicação do rito celebrado. Mas atenção: quando se fala de explicação não se pensa em um ato mecânico que conduza a uma compreensão meramente intelectual.

Os estudos recentes sobre a Iniciação à Vida Cristã nos ajudam a compreender a mistagogia para além de um tempo no itinerário catequético; a reconhecê-la como uma dimensão que acompanha todo o processo de iniciação que passa a ser "pensado como uma grande celebração que progride e amadurece através de sucessivas etapas" (Doc. 107, n. 104).

Precisamos fortalecer a compreensão de mistagogia como um conjunto de experiência de fé e espiritualidade que promoverá "a iniciação pessoal, comunitária e litúrgica [...] do ser cristão para mantê-lo progressivamente na comunhão com o Senhor e na disponibilidade e generosidade para a missão" (Doc. 107, n. 103).

Se considerarmos a mistagogia como um processo mais amplo de iniciação ao mistério, podemos afirmar que "a catequese litúrgica prepara o cristão aos sacramentos e o ajuda a vivenciá-los [...] ela explica o conteúdo das orações, o sentido dos gestos e dos sinais, educa à participação ativa, à contemplação e ao silêncio" (DNC, n. 121).

A liturgia católica é rica em todas as suas dimensões, por isso é necessário resgatar a participação ativa e consciente de cada um e da comunidade como um todo. É missão da catequese, enquanto espaço de explicitação da fé, conscientizar-se da importância da participação litúrgica e da celebração dos sacramentos. Não podemos esquecer que:

> [...] a vida sacramental se empobrece e bem depressa se torna um ritualismo oco, se ela não estiver fundada num conhecimento sério do que significam os sacramentos. E a catequese intelectualiza-se, se não for haurir vida numa prática sacramental (CT, n. 23).

A riqueza da liturgia católica "com seu conjunto de sinais, palavras, ritos, em seus diversos significados, requer da catequese uma iniciação gradativa e perseverante para ser compreendida e vivenciada" (DNC, n. 120). Os símbolos, os gestos e os ritos litúrgicos são instrumentos que nos levam a aprofundar o convívio com o Senhor e a mergulhar no mistério de sua Vida, Paixão, Morte e Ressurreição.

O método mistagógico busca favorecer a compreensão do significado de ritos, de gestos e de ações simbólicas para que sejam apreendidos e interiorizados por quem os celebra. A explicitação visa, acima de tudo, resgatar o sentido espiritual daquele gesto e ligar o que se celebra ao que se vive. Porém, não se pode esquecer que a celebração fala por si, por isso se faz necessário celebrações bem preparadas para que a comunidade faça experiência do mistério pascal celebrado na liturgia.

A conversão mistagógica nos desafia:

1. Refletir sobre a unidade dos sacramentos da iniciação cristã como etapas de um único mergulho no mistério de Cristo.
2. Recuperar a dimensão celebrativa em nossos itinerários catequéticos como momentos de educação ritual e iniciação litúrgica.
3. Favorecer a compreensão dos símbolos, dos ritos e das ações litúrgicas por meio de momentos celebrativos bem preparados e bem celebrados.

Texto bíblico para aprofundamento: Ex 12,1-28.

3 CONVERSÃO VIVENCIAL

Depois do encontro salvador com Jesus, Zaqueu se converteu e buscou reparar seus erros. Diante de Jesus, ele se prontificou em dar metade dos seus bens aos pobres; e se roubou de alguém, lhe devolveria quatro vezes mais. Esse gesto nos faz pensar no processo de mudança de vida e de conversão que o processo de Iniciação à Vida Cristã desperta em quem aceita seguir a Cristo.

Zaqueu foi tocado pelo encontro que teve com Jesus e traduz sua experiência em gestos concretos de vida nova: se roubou irá devolver e partilhará seus bens com os pobres. Na história da Igreja, a preocupação com a dimensão social sempre se fez presente como compreensão de que agir de acordo com o ensinamento de Jesus é fundamental para aqueles que se dizem seus seguidores.

É possível perceber que são várias as passagens do Novo Testamento que enfatizam a necessidade de cuidar dos que estão em situação de risco. Jesus nos mostra que o critério para o juízo final será o amor praticado aos que se encontram em necessidade (Mt 25,31-46). É preciso cuidado para não cair na hipocrisia de falar e não viver, pois mais vale o pouco com sinceridade do que o muito dado movido pela busca de recompensa (Mc 12,38-44). Com a parábola do Rico e do pobre Lázaro, Jesus chama atenção para a injustiça dos que nessa vida se banqueteiam sem se preocupar com tantos que não têm o mínimo para comer (Lc 16,19-31).

O desafio é buscar a interação entre fé e vida que se expressa em um processo de conversão, em mudança de vida; e o "processo catecumenal cria gradual e progressiva revisão das atitudes, das escolhas e dos comportamentos, convocando a uma efetiva conversão da própria vida" (Doc. 107, n. 134).

Quando falamos de processo de conversão, precisamos dizer que ela deve acontecer em duas dimensões: pessoal e pastoral. Como vimos na segunda parte desse subsídio, a Igreja que nasce da Iniciação à Vida Cristã é uma comunidade acolhedora, que se reconhece como família de irmãos, atenta às necessidades uns dos outros e tendo sempre no coração as palavras do Mestre: "se alguém quer ser o primeiro, seja o último de todos e o servo de todos!" (Mc 8,35).

Nosso desafio será o de voltar constantemente à contemplação de Jesus e à meditação do Evangelho como livro da vida. Só quando nos tornarmos íntimos de Jesus e de suas atitudes poderemos viver como Jesus viveu e assumir suas atitudes em nossa vida. A Iniciação à Vida Cristã nos leva a novas relações na dimensão eclesial e social, nos ajuda a repensar a vida comunitária como espaço onde se vive a amizade e se oferece espaços de encontro com Jesus Cristo e sua Palavra.

A conversão vivencial nos desafia

Vamos meditar o número 101 da Exortação Apostólica *Gaudete et Exsultate* do Papa Francisco:

> Mas é nocivo e ideológico também o erro das pessoas que vivem suspeitando do compromisso social dos outros, considerando-o algo de superficial, mundano, secularizado, imanentista, comunista, populista; ou então relativizam-no como se houvesse outras coisas mais importantes, como se interessasse apenas uma determinada ética ou um arrazoado que eles defendem. A defesa do inocente nascituro, por exemplo, deve ser clara, firme e apaixonada, porque neste caso está em jogo a dignidade da vida humana, sempre sagrada, e exige-o o amor por toda a pessoa, independentemente do seu desenvolvimento. Mas igualmente sagrada é a vida dos pobres que já nasceram e se debatem na miséria, no abandono, na exclusão, no tráfico de pessoas, na eutanásia encoberta de doentes e idosos privados de cuidados, nas novas formas de escravatura, e em todas as formas de descarte. Não podemos propor-nos um ideal de santidade que ignore a injustiça deste mundo, onde alguns festejam, gastam folgadamente e reduzem a sua vida às novidades do consumo, ao mesmo tempo que outros se limitam a olhar de fora enquanto a sua vida passa e termina miseravelmente.

Texto bíblico para aprofundamento: Lc 10,25-37.

O desafio do neopaganismo![3]

O próprio gênio do cristianismo, desde sua origem, a começar pelo próprio Jesus de Nazaré, foi sua capacidade de romper barreiras para entrar em diálogo com o outro e de integrá-lo em uma nova *comensalidade* sagrada, inter-religiosa. Jesus o fez sem nunca perder suas raízes judaicas. A fonte dessa capacidade se encontra na prioridade que se dá à pessoa e às suas necessidades mais urgentes, conscientes e inconscientes.

Ao proclamar que *o sábado é para o homem e não o homem para o sábado* (Mc 2,27), Jesus, sem negar o sábado, subverte-a substituindo a ditadura da norma pelo absoluto do irmão, da irmã, universais, (como dizia o beato Charles de Foucauld). Ele só, em sua vulnerabilidade, será, adiante, o critério de salvação. Assim assinala Mateus no juízo final do capítulo 25.

Na parábola que acabamos de comentar, Jesus apresenta o amor ao próximo não como uma obrigação legal para um amigo conhecido ou um correligionário, mas como uma adesão livre, pessoal, unilateral, universal e ilimitada para todos, incluindo o inimigo. Esse giro faz do outro o pagão, o pecador, o impuro, o inimigo, um ator prioritário no Segundo Testamento, denunciando toda tentação sectária e excludente sob qualquer pretexto.

Estas duas prioridades (as necessidades concretas imediatas dos homens acima das normas e a acolhida do outro) fazem do cristianismo, em seu fundamento mais característico, uma proposta de abertura ao pagão. É o momento de recuperar o sentido profundamente humano e nobre desta expressão: o pagão é o campesino, o homem, o terreno; é dizer o ser humano em suas experiências básicas de subsistência, mas também de sentido.

O tempo de denunciar os múltiplos sábados cristãos acumulados sobre as pessoas, desde que o cristianismo, tem se tornado uma religião entre outras. Desgraçadamente, o pagão se entende, desde então, não como o próximo universal, ou melhor, o humano universal de quem me

3 ARNOLD, 2015, p. 50-51, [tradução de Pe. Marcelo Luiz Machado].

impulsiona fazer-se próximo, mas o primitivo, o infiel, o excluído, o inimigo e o condenado.

Recuperando a liberdade pré-religiosa que foi nossa pedra de fundação, voltamos novamente a essa *ecumene* Pós-moderna. Na precariedade das necessidades humanas fundamentais e na audácia das aspirações utópicas, participamos todos, também os cristãos, deste neopaganismo. Nesta comum cidadania pagã primordial, em Pós-modernidade, a que explica tantas discordâncias entre o pensamento e os comportamentos dos fiéis de hoje e os discursos e exigências de suas hierarquias.

Estes novos cristãos paganizados são, de alguma maneira, os novos Paulo e Lucas, os novos Pedro e Cornélio, os novos Jesus e samaritanos de Sicar. Como Jesus e seus discípulos, toca-nos escolher entre o Templo e a piscina probática (Jo 5,1-9), entre as sinagogas e os novos areópagos (At 17,16-34).

PARA FAZER MEMÓRIA

X Sulão, 2023

I Sulão, 01 a 03/09/1988
Curitiba (PR)
Tema: Formação de agentes, catequese urbana e metodologia apropriada.

II Sulão, 04 a 06/09/1992
São José dos Campos (SP)
Tema: Pastoral urbana e catequese.

III Sulão, 07 a 10/09/1995
Caxias do Sul (RS)
Tema: Em busca de uma catequese urbana.

IV Sulão, 04 a 07/09/1998
Lajes (SC)
Tema: A linguagem catequética do terceiro milênio no mundo urbano.

V Sulão, 19 a 22/06/2003
Campo Grande (MS)
Tema: Com adultos, catequese adulta na cidade.

VI Sulão, 07 a 09/09/2007
Curitiba (PR)
Tema: Família, berço de vida e de fé.

VII Sulão, 19 a 21/08/2011
São José do Rio Preto (SP)
Tema: Mistagogia: novo caminho formativo de catequistas.

VIII Sulão, 25 a 27/10/2013
São Leopoldo (RS)
Tema: Catequista: protagonista da fé, do amor e da esperança.

IX Sulão, 16 a 18/06/2017
Florianópolis (SC)
Tema: Comunicação no processo de Iniciação à Vida Cristã.

SIGLAS

AL	Exortação Apostólica Pós-sinodal *Amoris Lætitia*: sobre o amor na família
CR	Catequese Renovada: Orientações e conteúdo. Documentos da CNBB 26
CT	Exortação Apostólica *Catechesi Tradendae*: sobre a catequese do nosso tempo
CELAM	Conselho dos Episcopados Latino-Americanos
DAp	Documento de Aparecida
Doc. 107	Iniciação à Vida Cristã: Itinerário para formar discípulos missionários
DC	Diretório para a Catequese 2020
DGAE	Diretrizes Gerais da Ação Evangelizadora
DCE	Carta Encíclica *Deus Caritas Est*: sobre o amor cristão
DNC	Diretório Nacional de Catequese
EN	Exortação apostólica *Evangelli Nutiandi*: sobre a evangelização no mundo contemporâneo
EG	Exortação Apostólica *Evangelii Gaudium*: sobre o anúncio do Evangelho no mundo atual
GeE	Exortação Apostólica *Gaudete et Exsultate*: sobre o chamado à santidade do mundo atual
GS	Constituição Pastoral *Gaudium et Spes*: sobre a Igreja no mundo atual

REFERÊNCIAS

AQUINO, Santo Tomás de. *Catena Aurea*: Exposição contínua sobre os evangelhos – Evangelho de São Lucas. Campinas: Ecclesiae, 2018.

ARNOLD, Simón Pedro. *La era de la mariposa* – Una espiritualidad en proceso de crisálida. Buenos Aires: Claretiana, 2015.

BENTO XVI. *Deus Caritas Est: Sobre o amor cristão*. São Paulo: Paulus, 2006.

Bíblia Sagrada. Edição da família. Petrópolis: Vozes, 2005.

Bíblia Sagrada. Tradução oficial da CNBB. Brasília: Edições CNBB, 2019.

CNBB. *Catequese renovada*: orientações e conteúdo. 19. ed. São Paulo: Paulinas, 1983 [Documentos da CNBB 26].

CELAM. *Documento de Aparecida*: Texto conclusivo da V Conferência Geral do Episcopado Latino-Americano e do Caribe. São Paulo: Paulinas, 2007.

CNBB. *Diretório Nacional de Catequese*. Brasília: Edições CNBB, 2006.

CNBB. *Diretrizes da ação evangelizadora da Igreja no Brasil 2019-2023*. Brasília: Edições CNBB, 2017 [Documentos da CNBB 109].

CNBB. *Iniciação à vida cristã*: Itinerário para formar discípulos missionários. Brasília: Edições CNBB, 2017 [Documentos da CNBB 107].

INSTITUTO BRASILEIRO DE GEOGRAFIA E ESTATÍSTICA (IBGE). *Censo Brasileiro de 2010*. Rio de Janeiro: IBGE, 2012. Disponível em: <https://cidades.ibge.gov.br/> Acesso em 04 de out. de 2022.

CONCÍLIO ECUMÊNICO VATICANO II. Constituição Pastoral Gaudium et Spes sobre a Igreja no mundo atual. In: KLOPPENBURG, Frei Boaventura. (org.). *Compêndio do Vaticano II*: Constituições, decretos, declarações. Petrópolis: Vozes, 1968.

PAPA FRANCISCO. *Exortação Apostólica Amoris Laetitia*: sobre o amor na família. São Paulo: Paulinas, 2016.

PAPA FRANCISCO. *Exortação Apostólica Evangelii Gaudium*: a alegria do Evangelho. São Paulo: Paulinas, 2013.

PAPA FRANCISCO. *Exortação Apostólica Gaudete et Exsultate*: sobre o chamado à santidade no mundo atual. São Paulo: Edições Loyola, 2018.

PAPA JOÃO PAULO II. *Exortação Apostólica Catechesi Tradendae*: a catequese hoje. São Paulo: Paulinas, 1981.

PAULO VI. *Exortação Apostólica Evangelii Nuntiandi*: sobre a evangelização no mundo contemporâneo.13. ed. São Paulo: Paulinas, 2001.

PONTÍFICIO CONSELHO PARA A PROMOÇÃO DA NOVA EVANGELIZAÇAO. *Diretório para a catequese*. Brasília: Edições CNBB, 2020 [Documentos da CNBB 84].

TBT: Throwback Thursday. *Significados*: Tecnologia. Disponível em: <https://www.significados.com.br/sobre/> Acesso em: 04 out. 2022.

EDITORA VOZES LTDA.
Rua Frei Luís, 100 – Centro – Cep 25689-900 – Petrópolis, RJ
Tel.: (24) 2233-9000 – E-mail: vendas@vozes.com.br